INHALT

D1732324

DIE STIFTUNG INDUSTRIEDENKMALPFLEGE UND GESCHICHTSKULTUR

Mit der Stiftung Industriedenkmalpflege und Geschichtskultur wurde im Jahr 1995 ein Instrument zur Bewältigung des Strukturwandels in Nordrhein-Westfalen geschaffen. Sie ist bundesweit die einzige Stiftung, die sich ausschließlich für den Erhalt von hochrangigen Industriedenkmalen einsetzt, mit dem Ziel, diese vor dem Abriss zu bewahren, zu sichern, wissenschaftlich zu erforschen, öffentlich zugänglich zu machen und sie einer neuen, denkmalgerechten Nutzung zuzuführen. Die Stiftung übernimmt Industriedenkmale in ihr Eigentum und gibt Impulse, die Relikte des Industriezeitalters in Konzepte der Stadtentwicklung und Landschaftsplanung, des Denkmalschutzes, der Wirtschaft und des Tourismus einzubinden.

Gegründet wurde die Stiftung Industriedenkmalpflege und Geschichtskultur vom Land Nordrhein-Westfalen und der Ruhrkohle AG (heute RAG Aktiengesellschaft) als eine operativ tätige, selbständige Stiftung des privaten Rechts. Die Öffentlichkeit in NRW und insbesondere Unternehmen, Eigentümer von Industriedenkmalen sowie die Städte und Gemeinden, Verbände und Wirtschaftsvereinigungen sind aufgerufen, die Arbeit der Stiftung durch Zustiftung, Spenden und tätige Mithilfe in Fördervereinen zu unterstützen. Mittlerweile zählen neben der RAG AG weitere Unternehmen wie die Thyssen Krupp Federn AG und die RWE Power AG zu den Stiftern und an vielen Standorten in NRW unterstützen Fördervereine die Arbeit der Stiftung vor Ort und tragen mit ihrem regen ehrenamtlichen Engagement zur Belebung und Vermittlung der Denkmalstandorte bei.

Die Stiftung selbst sowie ihre Projekte werden vom Bund und vom Land Nordrhein-Westfalen, von der RAG-Stiftung und der RAG AG sowie vom Regionalverband Ruhr finanziell unterstützt.

Die Stiftung übernimmt Liegenschaften mit denkmalgeschützten Industrieanlagen, wenn der Eigentümer gleichzeitig einen angemessenen Geldbetrag einbringt. In das Stiftungsvermögen werden Industriedenkmale aufgenommen, die vom Abriss bedroht sind bzw. für die sich zunächst keine Verwendung abzeichnet. Durch die Eigentumsübernahme nimmt die Stiftung die Anlagen aus dem wirtschaftlichen Verwertungsdruck. Sie führt Bausicherungs- und Instandsetzungsarbeiten an den Gebäuden und den technischen Anlagen durch und entwickelt zusammen mit den lokalen und regionalen Partnern Nutzungskonzepte, die den Denkmalen angemessen und auf Nachhaltigkeit angelegt sind.

Mittlerweile zählen Industriedenkmale an 14 Standorten in NRW zum Bestand. Es sind Relikte von Anlagen des Steinkohlenbergbaus, wie z.B. Fördergerüste, Schachthallen und Maschinenhäuser, des Weiteren eine Kokerei als ein Beleg der Verbundwirtschaft im Ruhrgebiet, ein Denkmal der Energiewirtschaft in Gestalt eines historischen Pumpspeicherkraftwerks und ein Schmiedehammer als frühindustrielles technikgeschichtliches Zeugnis.

Die vorliegende Broschüre gibt Einblicke in die derzeitigen Standorte der Stiftung Industriedenkmalpflege und Geschichtskultur in Nordrhein-Westfalen. Weitere Informationen bietet folgende Website:
www.industriedenkmal-stiftung.de

Ihre Anfragen zu den Denkmalstandorten richten Sie bitte an: info@industriedenkmal-stiftung.de oder telefonisch unter 0231/9311220

Dortmund, im Dezember 2019
Stiftung Industriedenkmalpflege und Geschichtskultur

DIE STANDORTE DER STIFTUNG

KOKEREI HANSA Dortmund-Huckarde

KOKEREI HANSA

Die Kokerei Hansa, zeitweise eine der größten Kokereien des Ruhrgebiets, war ein wichtiger Standort der Verbundwirtschaft der Dortmunder Montanindustrie. Sie bezog die zu verkokende Steinkohle von den benachbarten Zechen, lieferte den Koks an das nahe gelegene Hüttenwerk Dortmunder Union, erhielt von dort das in den Hochöfen beim Erschmelzen von Roheisen anfallende Gichtgas (Schwachgas) zum Beheizen der Koksöfen und lieferte ihrerseits das gereinigte Kokereigas (Starkgas) an Industrie und Haushalte.

Erhalten geblieben sind im Wesentlichen die sachlich-funktional gestalteten Bauten sowie die technischen Anlagen der 1920er Jahre; sie ermöglichen Einblicke in den Ablauf der Produktion und in die Arbeitsbedingungen jener Zeit. Das technikhistorische Highlight der Anlage ist die Kompressorenhalle mit fünf ehemals dampfbetriebenen Gaskolbenkompressoren, von denen einer im Schaubetrieb erlebt werden kann.

Bauzeit	1927–1928 Erweiterung: 1938–1941/1967–1968
Stilllegung	1992
Industriedenkmal	seit 1998
Stiftungsstandort	seit 1995
Grundstück	107.000 m² (10,7 ha)

Gebäude

36 Gebäude u.a. Kohlenmischanlage, Kohlenturm, Sieberei, Kompressorenhalle, Gastiefkühlanlage, Benzolhochhaus (Lehrwerkstatt), Union-Gebläsehaus, Salzfabrik und Salzager, Labor, Werkstatt, Waschkaue und Verwaltung.

Technische Anlagen / Maschinen

4 Ofenbatterien	1927–1968
5 Gaskolbenkompressoren	1928–1939
1 Schrägförderband	1949/50
1 Becherwerk	1928
2 Gassauger	1928
2 Sättiger	1940
4 Abtreiber	1940
2 Entsäurer	1940
4 Koksausdrückmaschinen	1928–1968
3 Füllwagen	1955–1980
3 Löschzüge	1928–1977
5 Kokskuchenführungswagen	1940–1956
Diverse Gasleitungen	1928–1968 (circa 3 km)

Restaurierungs-, Sanierungs- und Baumaßnahmen

1998–2002	Errichtung von Besucherpfaden (inkl. Sanierung obere Etage Sortenturm/ Becherwerksbrücke/obere Etage Kohlenturm)
1998–2004	Umbau des Hauptverwaltungsgebäudes
2002–2006	Sicherungs- und Instandhaltungsmaßnahmen
2003	Illuminierung des Erlebnispfades „Hansa-Blau"
2004–2005	Sanierung der Kompressorenhalle

2005	Umbau und Gestaltung des „Schwarzen Platzes", Einrichtung von Toilettenanlagen im Kalorimeter-Schalthaus
2006	Sicherungsmaßnahmen im Laborgebäude
2007	Instandsetzungsmaßnahmen am Uniongebläsehaus, Rekonstruktion der historischen Fenster, Umbau/Umnutzung des Waschkauen- und Sozialgebäudes
2007–2010	Sanierung des zentralen Werkstattgebäudes
2007 ff.	Diverse Maßnahmen im Rahmen der Qualitätsvereinbarungen mit dem Regionalverband Ruhr zur Route der Industriekultur und dem Emscher Landschaftspark
2008	Rückbau des Daches der Löschgleishalle, Sanierung des „Schalthaus-Mitte"
2010	Instandsetzung des Vorplatzes
2011–2015	Dach- und Fachsanierung des Kohlenturms
2012	Sicherungsmaßnahme: Ausbau und Umsetzen der Gassauger
2012–2014	Erneuerung der Entwässerung/Regenwassertrennsystem
2013–2020	Dach- und Fachsanierung des Salzlagers; Umnutzung als Veranstaltungshalle für Ausstellungen und Führungen
2013	Notsicherung der Westfassade am Sortenturm
2013–2014	Notsicherung des Kühlturms (1.400 m³/h)
2013–2015	Sanierung der Kühlturmtassen im Rahmen des Projekts „Wassergestalt Hansa"
2014	Instandsetzung der Tor- und Fensteranlagen am Bauhof
2014–2015	Errichtung eines Industriewaldwegs im historischen Gleisbereich westlich der Koksofenbatterien
2015–2017	Sanierung der Kühlturmgerüste
2015–2020	Sanierung der Sieberei
2016–2017	Sanierung des südlichen Löschturms
2018–2020	Dach- und Fachsanierung des Sortenturms
2018–2020	Sanierung der Salzfabrik und der Abtreiberbühne
2018–2021	Sanierung der Ofenbatterien 0 und I
2019 ff.	Sanierung Bandbrücke Erlebnispfad

GESCHICHTE

Die Kokerei Hansa ging im Jahr 1928 in Betrieb. Sie war eine von 17 Großkokereien, die Ende der 1920er Jahre im Zuge umfassender Rationalisierungsmaßnahmen in der Schwerindustrie im Ruhrgebiet errichtet wurden. Großkokereien ersetzten wirtschaftlich nicht mehr rentable Kleinanlagen und deckten den enormen Bedarf der Hüttenwerke, die den Koks für die Erzeugung von Roheisen brauchten.

Der Architekt Hellmuth von Stegmann und Stein (1892–1929), Baudirektor der Vereinigte Stahlwerke AG, hat die Gebäude der Kokerei Hansa klar nach dem Produktionsablauf angeordnet und in einer sachlich-funktionalen Architektur gestaltet. Im Wesentlichen sind zwei Produktionsbereiche zu unterscheiden, die sich entlang zweier parallel laufender Werksstraßen erstrecken. Auf der Schwarzen Seite befinden sich die Anlagen für die Koksproduktion. Herzstück dieses Bereichs sind die Koksofenbatterien. Auf der Weißen Seite liegen die Anlagen für die Gewinnung von Kohlenwertstoffen und die Aufbereitung des Kokereigases.

Im Laufe der Zeit wurde die Kokerei schrittweise um weitere Koksofenbatterien erweitert; in Spitzenzeiten konnten täglich bis zu 5.200 Tonnen Koks produziert werden. Am 15. Dezember 1992 erfolgte nach einer 64-jährigen Betriebszeit die Stilllegung der Anlage.

Im Jahr 1998 wurden wesentliche Bereiche der Kokerei Hansa in die Denkmalliste der Stadt Dortmund eingetragen; seit 1995 befindet sie sich in der Obhut der Industriedenkmalstiftung.

NUTZUNG

Die Kokerei Hansa ist einer von 25 Ankerpunkten der touristischen Route der Industriekultur im Ruhrgebiet und zugleich ein Standort der Themenroute Industrienatur. Darüber hinaus ist sie ein Bestandteil des Emscherlandschaftsparks und ein Standort auf der regionalen Route Ruhrgebiet der European Route of Industrial Heritage (ERIH). Als begehbare Großskulptur ist die Kokerei ganzjährig im Rahmen von Führungen und Individualbesuchen erlebbar. Das Denkmal bildet das Zentrum des Hansa-Revier-Huckarde, das Stätten der Freizeit und der Kultur im Stadtteil miteinander vernetzt. Räumlichkeiten wie die Kompressorenhalle oder auch große Platzanlagen werden für Veranstaltungen, wie z.B. Ausstellungen, Konzerte, Kino etc., genutzt und auf Anfrage vermietet. Die Kokerei Hansa ist ein außerschulischer Lernort. Die Hansa-Gesellschaft für Industriekultur e.V. unterstützt stadtteilbezogene Veranstaltungen und Projekte auf der Kokerei.

DIE STANDORTE DER STIFTUNG

ZECHE HANSA, SCHACHT 3 Dortmund-Huckarde

ZECHE HANSA, SCHACHT 3

Von der Zeche Hansa sind nur wenige Gebäude und technische Anlagen erhalten geblieben. Dazu gehören das Fördergerüst über Schacht 3 und das dazugehörige Fördermaschinenhaus, die beide 1932 erbaut wurden. Das eingeschossige Einstrebengerüst zählt zu den frühesten Gerüsten im Ruhrgebiet, die in Vollwandbau-

weise errichtet wurden. Das ursprünglich in Stahlfachwerk errichtete Fördermaschinenhaus wurde im Zweiten Weltkrieg beschädigt und 1946/47 in der Originalkubatur, aber nun in Massivbauweise wieder aufgebaut. Im Inneren befindet sich eine Elektrofördermaschine.

Bauzeit	1932		Gebäude	
Stilllegung	1980		1 Fördermaschinenhaus	1932
Industriedenkmal	seit 2006		Technische Anlagen / Maschinen	
Stiftungsstandort	seit 2016		1 Fördergerüst	1932
Grundstück	10.019 m²		1 Elektrofördermaschine	
			Restaurierungs-, Sanierungs- und Baumaßnahmen	
			In Planung	

GESCHICHTE

Auf der Zeche Hansa wurde 1857 der erste Schacht abgeteuft; 1869 konnte die erste Steinkohle gefördert werden. Erst knapp zwei Jahrzehnte später wurde der zweite Schacht in Betrieb genommen; 1889 ging die Zeche in den Besitz der Gelsenkirchener Bergwerks-AG (GBAG) über. In den 1920er Jahren fand ein erneuter Besitzerwechsel statt, als die GBAG auch die Zeche Hansa in den 1926 neugegründeten montanindustriellen Großkonzern, die Vereinigte Stahlwerke AG (VST), einbrachte. Der Konzern war ein Zusammenschluss verschiedener Unternehmen der Kohle- und Stahlindustrie. Die VST baute die Zeche zu einer Großschachtanlage aus und der ehemalige Wetterschacht 3, 1910 in Betrieb genommen, wurde zum neuen Hauptförderschacht. Nachdem der Baudirektor der Vereinigte Stahlwerke AG, der Architekt Hellmuth von Stegmann und Stein (1892–1929), überraschend verstorben war, beauftragte man die Architektengemeinschaft Fritz Schupp (1896–1974) und Martin Kremmer (1894–1945) mit den Entwürfen für die Übertage-Anlagen des neuen Hauptförderschachts.

Ab Mitte der 1970er Jahre wurde die Zeche Hansa zu einer Hydrogrube umgerüstet, der Abbau von Kohlenvorräten sollte mit Hilfe von Wasserkraft erfolgen. Als die hydromechanische Gewinnung die in sie gesetzten

Erwartungen nicht erfüllen konnte, fiel der Beschluss zur Stilllegung der Zeche. Im November 1980 endete damit die über 100-jährige Geschichte der Zeche Hansa. 1983 begannen die Abbrucharbeiten und Ende 1986 war der größte Teil der Übertageanlagen verschwunden. Die Zeche Hansa war zusammen mit der Kokerei Hansa ein wichtiger Standort der Verbundwirtschaft der Dortmunder Montanindustrie.

Das Denkmalensemble wurde 2006 in die Denkmalliste der Stadt Dortmund eingetragen und befindet sich seit 2015 in der Obhut der Industriedenkmalstiftung.

NUTZUNG

Die Zeche Hansa war zusammen mit der Kokerei Hansa in den Produktionsverbund von Bergbau, Kokerei und Hüttenwerk eingebunden. Zukünftig sollen diese Zusammenhänge bei den Führungen der Industriedenkmalstiftung vor Ort anschaulich vermittelt werden.

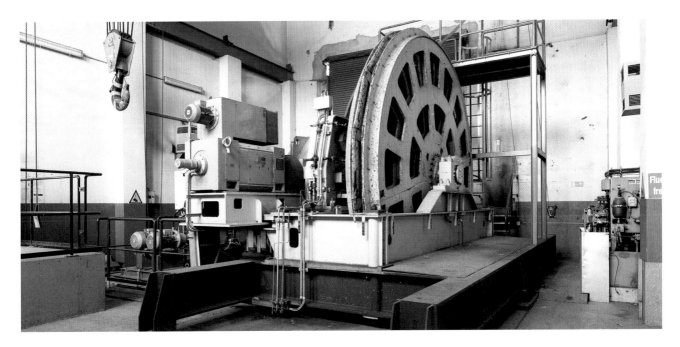

DIE STANDORTE DER STIFTUNG

ZECHE CONSOLIDATION, SCHACHT 9 Gelsenkirchen-Bismarck

ZECHE CONSOLIDATION, SCHACHT 9

Das weit sichtbare Fördergerüst über Schacht 9 der Zeche Consolidation entstand 1922. Es wurde als zweigeschossiges Doppelstrebengerüst in Fachwerkbauweise ausgeführt und dokumentiert das Ende eines Entwicklungsabschnittes im Fördergerüstbau, denn seit Ende der 1920er Jahre wurden Fördergerüste in der Regel in Vollwandbauweise ausgeführt. Das filigrane Doppelstrebengerüst zählt heute zu den letzten noch erhaltenen Fördergerüsten seiner Art in Nordrhein-Westfalen.

Das südliche Maschinenhaus entstand 1922 nach dem Entwurf des Zechenbaumeisters Heinrich von Bonin (1871–1927) als teilverputzter Ziegelbau, dessen Fassade durch Pilaster repräsentativ gegliedert ist. Im Innern wurde noch 1963 eine Zwillingsdampffördermaschine installiert. Es handelt sich dabei um die letzte von der Gutehoffnungshütte (GHH) in Oberhausen gefertigte Dampfmaschine. Das nördliche Maschinenhaus, ein kubisch gestalteter Ziegelbau von 1937, entwarf der Industriearchitekt Dr. Ing. Hans Väth (1897–1950), Leiter der Bauabteilung der Mannesmannröhren-Werke AG. Die erhaltene Zwillingsdampffördermaschine, ebenfalls von der Gutehoffnungshütte gefertigt, stammt von 1938.

Bauzeit	1922 Fördergerüst, südl. Fördermaschinenhaus 1937 nördl. Fördermaschinenhaus
Stilllegung	1993
Industriedenkmal	Fördergerüst (1987), Maschinenhäuser (1992)
Stiftungsstandort	offiziell seit 2004, von der Stiftung betreut seit 1995
Grundstück	9.000 m²

Gebäude
2 Maschinenhäuser 1922 (südl.) und 1937 (nördl.)
1 Schachthalle (Hängebank mit Wagenumlauf)

Technische Anlagen / Maschinen

1 Fördergerüst	1922
2 Zwillingsdampffördermaschinen	1938 (nördl.) und 1963 (südl.)

Restaurierungs-, Sanierungs- und Baumaßnahmen

2002–2005	Instandsetzung des Doppelstrebengerüsts
2004	Sanierung der Maschinenhäuser
2013	Treppeneinbau in das Gerüst zu betrieblichen Zwecken

GESCHICHTE

Im Jahr 1862 schlossen sich sieben Eigentümer von Grubenfeldern, darunter der Essener Industrielle Friedrich Grillo, zusammen, um in der Gemeinde Schalke ein Steinkohlenbergwerk zu gründen, das den Namen Consolidation erhielt. Nach dem erfolgreichen Abteufen des ersten Schachtes wurde 1865 die erste Kohle gefördert. Schon in den 1870er Jahren war die Zeche eine der förderstärksten im Ruhrgebiet. Bis 1922 entstanden alle neun Schächte des Bergwerks. Während auf den Schachtanlagen 1/6, 2/7 und 3/4/9 Kohle gefördert wurde, dienten die Schächte 5 und 8 als Wetter- und Seilfahrtschächte.

1922 übernahm die Mannesmannröhren-Werke AG das Bergwerk Consolidation. Noch im selben Jahr konnte das bis heute erhaltene Fördergerüst über Schacht 9 fertiggestellt werden. Über diesen Schacht lief bis 1978 die Hauptförderung des Steinkohlenbergwerks Consolidation. Nach dem Ende des Zweiten Weltkrieges wurde die Zeche Consolidation von den Alliierten in eine selbstständige Bergwerksgesellschaft umgewandelt, die Consolidation Bergbau-AG. Bereits 1955 gelangte die Anlage wieder in den Besitz der Mannesmann AG. 1969 ging der bergbauliche Besitz der Mannesmann AG an die neu gegründete Ruhrkohle AG über. In den 1970er Jahren übernahm das Bergwerk Consolidation das Südfeld der stillgelegten Zeche Graf Bismarck sowie die Zeche Pluto. In der Folge wurde Schacht 3 zum Zentralförderschacht umgestaltet. Im Jahr 1988 erfolgte zuerst der Verbund mit dem Bergwerk Nordstern (Consolidation/Nordstern) und fünf

Jahre später mit dem Bergwerk Hugo (Hugo/Consolidation). Im Oktober 1993 wurde die Förderung am Standort Consolidation eingestellt. Drei Jahre später gab man auch das südliche Grubenfeld auf; die Schächte Consolidation 3/4/9, 6 und 7 wurden verfüllt und die Übertageanlagen zum großen Teil abgerissen.

Das Fördergerüst über Schacht 9 wurde bereits 1987 in die Denkmalliste der Stadt Gelsenkirchen eingetragen, die zugehörigen Maschinenhäuser mit den Fördermaschinen wurden 1992 unter Schutz gestellt. Das Denkmalensemble befindet sich seit 1995 in der Obhut der Stiftung und wurde offiziell 2004 in das Eigentum übertragen.

NUTZUNG

Auf dem Gelände der ehemaligen Zeche Consolidation 3/4/9 ist der Consol-Park entstanden, der öffentlich zugänglich ist.

Beide Fördermaschinenhäuser werden von der Stadt Gelsenkirchen genutzt; im nördlichen Haus wird die Sammlung des Künstlers Werner Thiel (1927–2003) mit bergbaulichen Relikten und Fundstücken präsentiert. Das südliche Maschinenhaus steht dem Initiativkreis Bergwerk Consolidation e.V. zur Verfügung, der u.a. die Zwillingsdampffördermaschine im Schaubetrieb vorführt. Am Fördergerüst erstrahlt bei Nacht die Lichtinstallation Consol Gelb des Künstlers Günter Dohr (1936–2015). Die Stiftung Industriedenkmalpflege und Geschichtskultur bietet industriehistorische Führungen an.

ZECHE FÜRST LEOPOLD, SCHACHT 2

Zu den wenigen erhaltenen übertägigen Anlagen gehören das Fördergerüst über Schacht 2 und das dazugehörige Doppelfördermaschinengebäude.

Das eingeschossige Einstrebengerüst der Bauart Promnitz 2 wurde 1912/13 in Fachwerkbauweise mit vier nebeneinander liegenden Seilscheiben errichtet. Das Doppelfördermaschinengebäude besteht aus zwei nebeneinander platzierten Maschinenhäusern, deren historische Ausstattung bewahrt werden konnte: zwei Zwillingstandemdampffördermaschinen mit den dazugehörigen Maschinenführerständen und handbetriebene Kranbahnen. Im Inneren der Gebäude sind historische Wand- und Bodenfliesen erhalten.

Bauzeit	1912/14 Doppelfördermaschinenhaus	
Ende der Förderung	2001	
Stilllegung	2008	
Industriedenkmal	seit 2004	
Stiftungsstandort	seit 2011	
Grundstück	2.237 m²	

Gebäude

1 Doppelfördermaschinenhaus 1912 (östl.) und 1914 (westl.)

Technische Anlagen / Maschinen

1 Fördergerüst	1912/13
2 Zwillingstandemdampffördermaschinen	1912 (östl.) und 1915 (westl.)

Restaurierungs-, Sanierungs- und Baumaßnahmen

2013–2015	Sanierung und Umnutzung des Maschinenhauses
2014–2015	Dynamisierung der dampfbetriebenen Fördermaschine Einbau einer Empore zur Nutzung als Ausstellungsraum und Versammlungsstätte
2017	Eröffnung der Dauerausstellung Leopold-Regal
2018–2020	Sanierung Fördergerüst; Illuminierung der Landmarke

GESCHICHTE

Mit Beginn des 20. Jahrhunderts hat der Steinkohlenbergbau die Lippe nach Norden überschritten und damit den Nordrand des Ruhrgebiets erreicht. Durch diese Entwicklung hielt der Bergbau auch in Dorsten Einzug. 1910 wurden die Abteufarbeiten für den ersten Schacht der Zeche Fürst Leopold aufgenommen und zu Anfang des Jahres 1913 begann die regelmäßige Förderung von Kohlen.

1931 erfolgte der Verbund mit dem ersten Dorstener Steinkohlenbergwerk, der Zeche Baldur, zum Verbundbergwerk Zeche Fürst Leopold-Baldur. 1982 wurde der Verbund um die mittlerweile dritte Zeche im Dorstener Stadtgebiet, die Zeche Wulfen, zum Verbundbergwerk Fürst Leopold/Wulfen erweitert, das 1997 mit einer Belegschaft von rund 3.000 Mann seine höchste Förderung mit 2,4 Millionen Tonnen erreichte. Nur ein Jahr später erfolgte mit der Gelsenkirchener Zeche Westerholt die Eingliederung in das neu geschaffene Verbundbergwerk Lippe. Bereits drei Jahre später, am 17. August 2001, wurde auf Fürst Leopold die letzte Kohle gefördert.

2004 erfolgte die Eintragung in die Denkmalliste der Stadt Dorsten. Das Fördermaschinenhaus befindet sich seit 2011 im Eigentum der Stiftung Industriedenkmalpflege und Geschichtskultur, das Fördergerüst wurde 2015 hinzugestiftet.

Bis vorraussichtlich 2019 dient der Schacht 2 der ehemaligen Zeche Fürst Leopold noch als ein Standort für die Zentrale Wasserhaltung der RAG Aktiengesellschaft im Ruhrgebiet.

NUTZUNG

Das Doppelfördermaschinenhaus wird vom Verein für Bergbau-, Industrie- und Sozialgeschichte e.V. genutzt. In enger Kooperation mit dem Verein hat die Stiftung Industriedenkmalpflege das Denkmal zu einem lebendigen Ort der Begegnung für die Dorstener Bevölkerung sowie zu einem außerschulischen Lernort entwickelt. Der Verein bietet industriehistorische und stadtteilbezogene Führungen sowie ein umfangreiches Veranstaltungsprogramm an. Zudem ist Fürst Leopold ein standesamtlicher Trauort der Stadt Dorsten.

Das Leopold-Regal informiert Besucher anhand von wenigen Exponaten auf sehr sinnliche und ansprechende Weise über die Geschichte der Zeche und der Bergleute.

DIE STANDORTE DER STIFTUNG

ZECHE GNEISENAU, SCHACHT 2/4 Dortmund-Derne

ZECHE GNEISENAU, SCHACHT 2/4

Das Fördergerüst über Schacht 2, ein sogenannter Tomson-Bock, gilt unter Industriehistorikern als Besonderheit, da es das älteste erhaltene stählerne Fördergerüst des Ruhrgebiets ist. Auch die dazugehörende Schachthalle mit einem kleinen Teil des Wagenumlaufs wurde bewahrt.

Ebenfalls erhalten ist das in unmittelbarer Nachbarschaft des Tomson-Bocks in Vollwandbauweise ausgeführte zweigeschossige Turmgerüst (1933/34) über Schacht 4, das als Wahrzeichen des Ortsteils Derne gilt. Weil die beiden Fördermaschinenhäuser wegen der beengten Platzverhältnisse sehr nah am Fördergerüst stehen mussten, ergab sich für die Streben des Gerüstes eine fast senkrechte Aufstellung. Die noch erhaltenen Zwillingsdampffördermaschinen wurden 1924 und 1934 von der Gutehoffnungshütte in Oberhausen gefertigt und im ersten Obergeschoß der Maschinenhäuser installiert, um einen günstigeren Seilneigungswinkel zu erhalten. Von den Fördermaschinen dieser Art existieren heute nur noch wenige.

Bauzeit:	1886 Fördergerüst und Schachthalle mit Maschinenhaus (Schacht 2)
	1933/34 Turmgerüst und Fördermaschinenhäuser (Schacht 4)
Stilllegung	1985
Industriedenkmal	seit 1989
Stiftungsstandort	seit 1995
Grundstück	7.500 m²

Gebäude

Schacht 2

1 Schachthalle mit Maschinenhaus 1886

Schacht 4

2 Maschinenhäuser 1933

Technische Anlagen / Maschinen

Schacht 2

1 Fördergerüst (Tomson-Bock) 1886

1 Elektrofördermaschine

Schacht 4

1 Turmgerüst 1933/34

2 Zwillingsdampffördermaschinen 1924 (südl.) und 1934 (nördl.)

Restaurierungs-, Sanierungs- und Baumaßnahmen

1999–2008	Dach- und Fachsanierung des Fördergerüsts mit Schachthalle (Schacht 2)
2007	Sicherung der Attika-Bereiche an den Fördermaschinenhäusern (Schacht 4)
2012	Reinigung und Konservierung der Fördermaschine (Nord)
2013	Dachabdichtungs- und Dachentwässerungsarbeiten an den Maschinenhäusern (Schacht 4)

GESCHICHTE

Auf der Zeche Gneisenau wurde bereits 1873 mit den Abteufarbeiten begonnen, doch konnte aufgrund starker Wasserzuflüsse erst 1886 die Steinkohleförderung aufgenommen werden. 1891 übernahm die Harpener Bergbau-AG die Zeche Gneisenau und erwarb in der Folgezeit weitere Bergwerke im Nordosten des Dortmunder Raums. Während auf diesen Bergwerken in der zweiten Hälfte der 1920er Jahre sowie zu Beginn der 1930er Jahre die Kohleförderung bereits wieder eingestellt wurde, baute die Harpener Bergbau-AG die Zeche Gneisenau ab Ende der 1920er Jahre schrittweise zur Großschachtanlage aus. Bereits 1928 war eine neue Großkokerei in Betrieb genommen worden. Nachdem 1931 die Steinkohlenbergwerke Gneisenau und Scharnhorst zusammengelegt wurden, erfolgte ab 1934 die Förderung ausschließlich über den neuen Zentralförderschacht 4 auf Gneisenau. Im Zweiten Weltkrieg wurde Gneisenau stark zerstört. Gleichwohl konnte bereits im Juni 1945 die Kohleförderung teilweise wieder aufgenommen werden. Die Großkokerei wurde 1946 wieder in Betrieb genommen.

1963 erfolgte zunächst die Übernahme des Baufeldes 3/4 der Zeche Victoria und ein Jahr später die des Restfeldes. Die Förderung der gesamten Kohle erfolgte seit 1963 über den zum neuen Zentralförderschacht ausgebauten Schacht 3. Im Jahr 1970 war Gneisenau mit einer Jahresförderung von über 3 Mio. Tonnen Kohle und knapp 6.000 Belegschaftsmitgliedern das förderstärkste Bergwerk im Ruhrgebiet; vier Jahre später erlangte es mit über 4 Mio. Tonnen die höchste Jahresförderung seiner Geschichte. 1985 erfolgte der Anschluss an das Bergwerk Haus Aden.

Nach fast 100 Jahren Betriebszeit wurde auf Gneisenau die Förderung eingestellt. Noch bis 1989 war die Kokerei in Betrieb und bis 1990 das Zechenkraftwerk. Nach dem Abschluss der Abbrucharbeiten blieb von dem einst förderstärksten Bergwerk des Ruhrgebiets nur ein kleiner Teil der Übertageanlagen erhalten.

Der Tomson-Bock mit Schachthalle (Schacht 2) und das Turmgerüst (Schacht 4) wurden 1989 gemeinsam mit den zugehörigen Maschinenhäusern unter Denkmalschutz gestellt und 1995 in das Eigentum der Industriedenkmalstiftung eingebracht.

NUTZUNG

Eine Nutzung der Schachthalle am Tomson-Bock steht u.a. aufgrund der fehlenden Geländeerschließung noch aus. Das nördliche Maschinenhaus von Schacht 4 wurde dem Förderkreis Zechenkultur Gneisenau e.V. zur Nutzung überlassen. Der Verein hat mit seiner Arbeit vor Ort einen beliebten Anlaufpunkt im Stadtteil und einen Veranstaltungsort für Kultur und Freizeit etabliert.

ZECHE MONOPOL, SCHACHT GRILLO 1 *Kamen*

ZECHE MONOPOL, SCHACHT GRILLO 1

Von der ehemaligen Schachtanlage Grillo 1/2, auf der zwischen 1879 und 1981 Kohle gefördert wurde, sind nur noch wenige bauliche Zeugnisse erhalten. In den Jahren 1966/67 wurde über Schacht 1 ein neues Fördergerüst errichtet, das als zweigeschossiges Einstrebengerüst in geschweißter Kastenbauweise sowie als Dreibock mit angehängtem Führungsgerüst ausgeführt wurde. Diese Konstruktion steht für die letzte Entwicklungsphase von Seilstützkonstruktionen im Ruhrgebiet. Das Fördergerüst über Schacht 1 zählt zu den wenigen, noch gut erhaltenen Beispielen dieser vergleichsweise jungen Bauart. Im Zuge der Errichtung des Gerüstes wurde 1966 ebenfalls ein neues Fördermaschinenhaus gebaut, das bis heute eine elektrische Fördermaschine beherbergt.

Bauzeit	1966/67 Fördergerüst	Gebäude	
	1966 Maschinenhaus und Elektrofördermaschine	1 Fördermaschinenhaus	1966
Ende der Förderung	1981	Technische Anlagen / Maschinen	
Stilllegung	2010	1 Fördergerüst	1966/67
Industriedenkmal	seit 2002	1 Elektrofördermaschine	1966
Stiftungsstandort	seit 2016	Restaurierungs-, Sanierungs- und Baumaßnahmen	
Grundstück	12.700 m²	In Planung	

GESCHICHTE

Die Gewerkschaft Monopol begann 1873 mit den Abteufarbeiten für Schacht Monopol 1 und 1887 für Schacht Monopol 2. Die erste Steinkohle wurde 1879 gefördert. Ab 1890 entstand die zweite Schachtanlage mit den Schächten Monopol 3 und 4. Im Laufe der folgenden Jahrzehnte wurde die Zeche mehrfach modernisiert und entsprechend umgebaut.

Seit 1888 begann die Gelsenkirchener Bergwerks-AG planmäßig, Anteile der Gewerkschaft aufzukaufen. 1890 besaß sie bereits die Mehrheit und im Laufe des Jahres 1897 hatte sie alle Anteile erworben. 1892 wurden die Schachtanlagen Monopol 1 (Kamen) und Monopol 2 (Bergkamen) nach den beiden Gewerken Friedrich Grillo und Heinrich Grimberg in Grillo 1/2 und Grimberg 1 umbenannt.

Nach weiteren Besitzerwechseln in den Jahren 1933 (Essener Steinkohlenbergwerke AG) und 1936 (Harpener Bergbau-AG) wurden nach dem Ende des Zweiten Weltkrieges die Schachtanlagen Grillo 1/2/3 und Grimberg 1/2 in die neugegründete Monopol Bergwerk-AG eingebracht, deren Aktien von der Fränkischen Energie GmbH in Nürnberg bis 1960 vollständig übernommen wurden.

Mitte der 1960er Jahre erfolgte ein Tieferteufen des Schachtes 1 und anschließend der Umbau auf Großwagenförderung. In diesem Zuge erhielt Schacht 1 die Fördereinrichtungen. 1969 wurde auch die Schachtanlage Grillo 1/2 in die neu gegründete Ruhrkohle AG eingebracht. Mit der Inbetriebnahme von Neu-Monopol in Bergkamen wurde die Schachtanlage Grillo 1/2 im Jahr 1981 stillgelegt. Der Schacht 1 blieb offen und es wurde in diesem die zentrale Kühlanlage für den Abbau von Flöz Mausegatt installiert. Ab 2002 befand sich hier die zentrale Wasserhaltung für das Grubenfeld Monopol. 2010 wurde der Schacht 1 verfüllt. Bis auf wenige Gebäude und das Fördergerüst über Schacht 1 wurde die Schachtanlage Grillo 1/2 abgebrochen.

Die Eintragung in die Denkmalliste der Stadt Kamen erfolgte im Jahr 2002. Seit 2016 ist das Objekt ein Standort der Industriedenkmalstiftung.

NUTZUNG

Vor Ort ist der Verein Monopol 2000, Verein zur Förderung der Bergbau- und Industriekultur in der Stadt Kamen e.V., aktiv und plant, den Standort durch kulturelle Veranstaltungen und als außerschulischen Lernort zu beleben.

DIE STANDORTE DER STIFTUNG

ZECHE PATTBERG, SCHACHT 1

Die Fördermaschinen- und Umformerhalle ist als eines der ganz wenigen baulichen Zeugnisse der sogenannten Pattbergschächte erhalten geblieben. Der schlichte Ziegelbau, der 1932 errichtet wurde, weist eine eindrucksvolle technische Ausstattung aus. Diese besteht aus einer Elektrofördermaschine (1912), die zu den leistungsstärksten Anlagen aus der Zeit vor dem Ersten Weltkrieg zählt, einem Doppel-Ilgner-Umformer (1912) und einem neueren Umformer (1962/63). Die beiden erstgenannten Maschinen stammen von der Schachtanlage Rheinpreussen 2 und wurden 1932 der Zeche Pattberg zugeführt.

Bauzeit	1932 Maschinenhalle
Stilllegung	1993
Industriedenkmal	seit 2012
Stiftungsstandort	seit 1995
Grundstück	2.387 m²

Gebäude	
1 Maschinenhalle	1932

Technische Anlagen / Maschinen

1 Elektrofördermaschine	1912
1 Doppel-Ilgner-Umformer	1912
1 Umformer	1962/63

Restaurierungs-, Sanierungs- und Baumaßnahmen

2002	Dachabdichtung, Sicherung der Fensteranlagen
2015	Sanierung des Daches inkl. Dachentwässerung und Anschluss an die Kanalisation

GESCHICHTE

Der linksrheinische Ruhrbergbau ist eng mit dem Namen Franz Haniel verbunden. 1857 wurde ihm das fast 100 km² große Grubenfeld Rheinpreußen verliehen. Im selben Jahr begann man mit dem Abteufen des ersten und 1866 mit dem des zweiten Schachtes im heutigen Duisburg-Hamborn. Die erste Steinkohle konnte aber erst 1876 gefördert werden. In den darauffolgenden drei Jahrzehnten entstanden drei weitere Schächte.

Zum Aufschluss des nördlichen Grubenfeldes der Zeche Rheinpreußen wurde 1922 und 1932 mit dem Abteufen zweier neuer Schächte begonnen, die zu Ehren des Generaldirektors der Zeche Rheinpreußen, Heinrich Pattberg, im Jahr 1927 in Pattberg 1/2 benannt wurden. Auf den Pattbergschächten 1/2 wurde 1927 bzw. 1934 die Förderung aufgenommen, der Ausbau der Übertageanlagen erfolgte im Wesentlichen zwischen 1927 und 1934.

Mit der Aufnahme der Kohleförderung wurden die Pattbergschächte eigenständig geführt. Im Jahr 1956 erfolgte dann der Verbund mit der Zeche Rheinpreu-

ßen. Von 1956 bis 1969 war die Zeche Rheinpreußen das förderstärkste Bergwerk im Ruhrrevier. Nachdem 1969 die Ruhrkohle AG die Zeche Rheinpreußen übernommen hatte, erfolgte 1970 die Ausgliederung der Pattbergschächte, die zunächst in das neue Verbundbergwerk Pattberg/Rossenray eingebracht wurden. Bereits ein Jahr später entstand das Verbundbergwerk Rheinland durch den Verbund der Zeche Rheinpreußen mit Pattberg/Rossenray.

1993 erfolgte ein weiterer Zusammenschluss, nämlich der von Rheinland und Friedrich Heinrich zum Verbundbergwerk Rheinland/Friedrich Heinrich. Im selben Jahr wurden die Pattbergschächte stillgelegt. In den folgenden Jahren erfolgte die Verfüllung der Schächte und der fast vollständige Abbruch der Übertageanlagen.

Die Maschinenhalle ist seit 1995 ein Standort der Industriedenkmalstiftung; die Denkmaleintragung erfolgte 2012.

NUTZUNG

Die Halle wird temporär für kulturelle Veranstaltungen und Führungen genutzt. Eine umfangreiche Sanierung des Gebäudes und eine Geländeerschließung für die

dauerhafte Nutzung stehen noch aus. Künftig wird die Stiftung zudem regelmäßig industriehistorische Führungen am Standort anbieten.

ZECHE PROSPER II, SCHACHT 2

Der Malakoffturm über Schacht 2 ist in Kombination mit dem später in den Turm eingezogenen Fördergerüst eine technikhistorische Besonderheit. Im Ruhrgebiet handelt es sich um das einzige erhaltene Beispiel eines bergbaulichen Ensembles, bestehend aus Malakoff-turm und Fördergerüst. Das 30 Meter hohe, imposante Bauwerk wurde im Stil des Historismus gebaut und weist reich gegliederte Fassaden auf. Das zweigeschossige Einstrebengerüst ist in Vollwandbauweise errichtet.

Bauzeit	1874/75 Malakoffturm
	1933/34 Fördergerüst
	1958/59 Erweiterung des Gerüsts
Einstellung der Förderung	1974
Industriedenkmal	seit 1988
Stiftungsstandort	seit 2004
Grundstück	1.973 m²
Gebäude	
Malakoffturm	1874/75

Technische Anlagen / Maschinen

1 Fördergerüst	1933/34; Erweiterung 1958/59

Restaurierungs-, Sanierungs- und Baumaßnahmen

1999–2002	Umnutzung des Malakoffturms
	Dach- und Fachsanierung
2003–2004	Fassadensanierung (Ostseite)
2009–2014	Errichtung einer Aussichtsplattform

GESCHICHTE

Schon 1856 begannen östlich von Bottrop in Batenbrock die Abteufarbeiten von Schacht 1 der Schachtanlage Prosper I. 1863 konnte dort die Förderung aufgenommen werden.

Über dem ab 1871 abgeteuften Schacht 2 der späteren Schachtanlage Prosper II wurde zwischen 1874 und 1875 ein Malakoffturm errichtet. Im Jahr 1875 begann die Förderung. Ein bereits 1896 auf dem gemauerten Schachtturm aufgesetztes Fördergerüst in Fachwerkbauweise wurde 1933/34 durch ein eigenständiges, nicht mehr mit dem gemauerten Schachtturm verbundenes, Fördergerüst in Vollwandbauweise ersetzt, das 1958/59 um eine zweite Seilscheibenbühne erweitert wurde.

1974 wurden die Bergwerke Prosper und Jacobi/Franz Haniel zum Verbundbergwerk Prosper-Haniel zusammengelegt. Noch im gleichen Jahr wurde die Kohlegewinnung im Baufeld Prosper II eingestellt. 1987 erfolgte die Verfüllung des Schachtes 2.

Der Malakoffturm und das Fördergerüst wurden zunächst separat (1984 und 1987) unter Denkmalschutz gestellt; seit 1988 sind sie als Baudenkmale geschützt. 2004 erfolgte die Übertragung in das Eigentum der Industriedenkmalstiftung.

NUTZUNG

Seit 2014 ist das Fördergerüst mit einer Aussichtsplattform ausgestattet; im Rahmen von Führungen der Industriedenkmalstiftung können Besucher den Malakoffturm besichtigten und das Fördergerüst besteigen. Das Denkmal beherbergt zudem eine nicht kommerzielle Kletteranlage des Bottroper Sportbund e.V. Seit 2017 ist der Malakoffturm ein standesamtlicher Trauort der Stadt Bottrop. Die Räumlichkeiten können darüber hinaus für temporäre Nutzungen angemietet werden.

DIE STANDORTE DER STIFTUNG

ZECHE RADBOD, SCHACHT 1/2

Auf der Zeche Radbod wurde über den Schächten 1 und 2 in den Jahren 1907/08 jeweils ein eingeschossiges Einstrebengerüst der Bauart Promnitz 2 errichtet, die in Fachwerkbauweise ausgeführt wurden.

Die Fördermaschinenhäuser entstanden 1907/08 im Stil des Historismus. Rundbogenfriese, Lisenen sowie der Wechsel von Ziegelstein- und Putzfeldern gliedern die Fassaden. Die dampfbetriebenen Zwillingstandemdampf-fördermaschinen von 1907 (Friedrich-Wilhelmshütte, Mülheim) und von 1908 (Eisenhütte Prinz Rudolph, Dülmen) gehören zu den noch wenigen erhaltenen ihrer Art in Nordrhein-Westfalen.

Bauzeit	1907/08 Fördergerüste und Fördermaschinenhäuser	Restaurierungs-, Sanierungs- und Baumaßnahmen	
Stilllegung	1990	2004	Instandsetzung der Dächer, des Dachtragwerks und der Entwässerung an den Maschinenhäusern
Industriedenkmal	seit 2000	2003–2004	Fassadensicherung am Fördermaschinenhaus 1
Stiftungsstandort	seit 1995	2011	Instandsetzung und Sicherungsmaßnahmen am Fördermaschinenhaus 2
Grundstück	8.900 m²		
		2012–2015	Sanierung des Fördergerüsts und der Schachthalle Schacht 1
Gebäude		2015–2016	Sanierung des Fördergerüsts und der Schachthalle Schacht 2
2 Doppelfördermaschinenhäuser	1907/08		

Technische Anlagen /Maschinen

2 Fördergerüste mit Hängebänken	1907/08
2 Zwillingstandemdampffördermaschinen	1907/08

GESCHICHTE

1899 wurde die Bohrgemeinschaft Trier gegründet. Nachdem diese erfolgreiche Mutungsbohrungen durchgeführt hatte, wurden 1904 erste Steinkohlenfelder im Gebiet der Gemeinden Bockum und Hövel verliehen und die Bergwerksgesellschaft Trier mbH Hamm (Westf.) gegründet. Diese begann im März 1905 mit dem Abteufen des Schachtes 1 und ab Oktober 1907 mit der regelmäßigen Kohleförderung.

Wenige Jahre nach ihren Anfängen erlangte die Zeche Radbod traurige Berühmtheit durch eines der schwersten Grubenunglücke im deutschen Steinkohlenbergbau. Nach einer Schlagwetterexplosion am 12. November 1908 waren 350 Tote zu beklagen. Es dauerte fast ein Jahr bis zur Wiederaufnahme der Förderung. Seitdem wurden auf Radbod erstmals im Ruhrrevier unter Tage nur noch elektrische Handlampen benutzt. Zur Verbesserung der Bewetterung wurden ab 1910 zwei Außenschächte abgeteuft und ab 1923, in unmittelbarer Nähe zu den Hauptschächten 1 und 2, der Wetterschacht 5. Dieser wurde ab 1949 zum neuen Hauptförderschacht umgebaut und 1951 in Betrieb genommen.

1920 ging die Zeche Radbod zunächst in den Besitz des Köln-Neuessener-Bergwerksvereins über. Dieser schloss zehn Jahre später einen Fusionsvertrag mit dem Eisen- und Stahlwerk Hoesch. Die neu entstandene Gesellschaft nahm zunächst den Namen Hoesch-Köln Neuessen AG für Bergbau und Hüttenbetrieb an, der 1938 in Hoesch Aktiengesellschaft geändert wurde. Nach dem Ende des Zweiten Weltkrieges war auch die Hoesch Aktiengesellschaft von den Entflechtungsmaßnahmen der Alliierten betroffen. Die Zeche Radbod gehörte ab 1952 zunächst der neugegründeten Altenessener Bergwerks AG an, die wiederum 1956 Teil des Hoesch-Verbundes wurde. 1969 ging der bergbauliche Besitz der Hoesch AG an die neu gegründete Ruhrkohle AG über.

Obwohl die Zeche Radbod erst im Jahr 1989 mit rund 1,3 Mio. Tonnen Kohle ihre höchste Jahresförderleistung bei einer Belegschaft von etwas mehr als 1.700 Mann erreichte, erfolgte bereits ein Jahr später, im Rahmen der Anpassungsmaßnahmen im deutschen Steinkohlebergbau, die letzte Förderschicht. Ein Großteil der Belegschaft wurde auf die benachbarten Bergwerke Heinrich Robert, Monopol und Westfalen verlegt.

Das Denkmalensemble befindet sich seit 1995 in der Obhut der Industriedenkmalstiftung. Im Jahr 2000 erfolgte die Eintragung in die Denkmalliste der Stadt Hamm.

NUTZUNG

Das Denkmal ist im Rahmen von Führungen der Industriedenkmalstiftung für Besucher zugänglich.

ZECHE SCHLÄGEL & EISEN, SCHACHT 3/4

Das nahezu 37 Meter hohe Fördergerüst über Schacht 3, entworfen von dem Ingenieur Werner Gellhorn, ist das älteste erhaltene Fördergerüst der Bauart Promnitz 3 in Nordrhein-Westfalen. Es war für eine Doppelförderung ausgelegt und wurde als dreibeiniges Einstrebengerüst in Fachwerkbauweise konstruiert. Fördergerüste dieser Konstruktion gibt es nur noch vereinzelt im Ruhrgebiet.

Das Doppelfördermaschinenhaus, ebenfalls von Gellhorn entworfen, wurde zeitgleich mit dem Fördergerüst im Stil des Historismus erbaut. Eine Hälfte des Gebäudes erhielt 1951 eine neue Bestimmung als Waschkaue. Damals wurde auch die historische Fassade des Maschinenhauses komplett überformt und an die übrigen Tagesanlagen aus den 1930er/40er Jahren angepasst. Im Inneren wurde im südlichen Teil die ursprüngliche architektonische Gestaltung bewahrt. Die Zwillingsdampffördermaschine von 1897 verweist auf die ehemalige Funktion des Gebäudes als Fördermaschinenhaus.

Das etwa 64 Meter hohe Fördergerüst über Schacht 4, der 1902 als Wetterschacht in Betrieb ging, wurde 1984/85 errichtet und gehört in die Gruppe der geschweißten Kastenkonstruktionen, die ab dem Ende der 1950er Jahre realisiert wurden. Eine Besonderheit bei der Fördereinrichtung stellt die Fünfseilförderung dar, die im Bergbau selten angewandt wurde. Das Gerüst zählt zu den wenigen gut erhaltenen Beispielen für diese vergleichsweise junge Bauart, die für die letzte Entwicklungsphase von Seilstützkonstruktionen im Ruhrgebiet steht. Die Schächte 3 und 4 wurden 1972/73 mit einer neuen ausziehenden Grubenlüfteranlage ausgestattet, die ebenfalls erhalten geblieben ist.

Fördergerüst Schacht 4

Bauzeit	1896 Fördergerüst und Fördermaschinenhaus (Schacht 3)
	1984/85 Fördergerüst (Schacht 4)
Stilllegung	1990
Industriedenkmal	seit 1997 (Schacht 3)
	seit 2010 (Schacht 4)
Stiftungsstandort	seit 1995 (Schacht 3)
	seit 2016 (Schacht 4)
Grundstück	2.280 m²

Gebäude
Schacht 3

| 1 Maschinenhaus | 1896 / Umbau 1951 |

Technische Anlagen / Maschinen

Schacht 3

| 1 Fördergerüst | 1896/97 |
| 1 Zwillingsdampffördermaschine | 1897 / Umbau 1928 |

Schacht 4

1 Fördergerüst	1984/85
2 Grubenlüfter	1972/73
1 Sieberei	1985

Restaurierungs-, Sanierungs- und Baumaßnahmen

2010	Dachabdichtung Maschinenhaus
2015–2017	Sanierung des Fördergerüsts und des Maschinenhauses Schacht 3
2017 ff.	Sanierung Förderüst und Grubenlüfter Schacht 4

GESCHICHTE

Die Zeche Schlägel & Eisen in Herten geht auf das Jahr 1873 zurück, als eine Gewerkschaft zur Errichtung eines Steinkohlenbergwerks gegründet wurde. 1874 begann man mit den Abteufarbeiten zu Schacht 1 im heutigen Ortsteil Disteln, die Förderung konnte drei Jahre später aufgenommen werden. Ab 1890 wurde Schacht 2 und fünf Jahre später Schacht 3 im südwestlichen Gruben-feld (Ortsteil Langenbochum) niedergebracht, mit der Förderung wurde 1892 bzw. 1897 begonnen.

1898 erwarb die Bergwerksgesellschaft Hibernia die Zeche Schlägel & Eisen und ließ in den Jahren 1898 bis 1900 drei neue Schächte abteufen. 1905 erreichte das Bergwerk eine Jahresförderung von annähernd 1 Mio. Tonnen Kohle. Ab 1937 erfolgten die Abteufarbeiten für Schacht 7, der vier Jahre später als neuer Zentralförder-schacht in Betrieb genommen wurde. Mitte der 1950er Jahre erreichte die Belegschaft mit 5.372 Mitarbeitern ihren Höchststand. Ende der 1960er Jahre gelangte das Bergwerk in die neu gegründete Ruhrkohle AG, unter der das Bergwerk 1975 mit 2,03 Mio. Tonnen Kohle seine maximale Jahresförderung erreichte. 1982 wurde Schacht 4 mit einem erweiterten Querschnitt tie-fergeteuft. 1986 nahm dieser neue Zentralförderschacht seine Arbeit auf.

Als 1990 Schlägel & Eisen und die Zeche Ewald zu einem Verbundbergwerk zusammengelegt wurden, übernahm die Zeche Ewald die zentrale Förderung. Auf Schlägel & Eisen verblieb lediglich die Seilfahrt. 1997 erfolgte der Verbund von Hugo/Consolidation und Ewald/Schlägel & Eisen zum Verbundbergwerk Ewald/Hugo, das wiederum im April 2000 stillgelegt wurde. Mit dieser Stilllegung endeten auch auf Schlä-gel & Eisen die noch bis dahin verbliebenen über- und untertägigen Aktivitäten.

Das Denkmalensemble Schacht 3 befindet sich seit 1995 im Eigentum der Industriedenkmalstiftung, die Eintragung in die Denkmalliste erfolgte im selben Jahr. Das Industriedenkmal Schacht 4 wurde 2010 in die Denkmalliste eingetragen und befindet sich seit 2015 im Eigentum der Stiftung.

NUTZUNG

Die Industriedenkmalstiftung bietet Führungen am Denk-malstandort an, die auch einen Blick in das Innere des Maschinenhauses ermöglichen. Zudem finden tem-poräre kulturelle Veranstaltungen wie die ExtraSchicht statt. Das Maschinenhaus Schacht 3 kann für temporäre Nutzungen angemietet werden.

Fördergerüst Schacht 3 (links) und Schacht 4 (rechts) mit Grubenlüfteranlage

ZECHE SOPHIA-JACOBA, SCHACHT 3

Das über Schacht 3 errichtete Fördergerüst ist ein zwei-geschossiges Einstrebengerüst, das in Fachwerkbau-weise gefertigt wurde. Kennzeichnend für das 48 Meter hohe Fördergerüst sind die zwei übereinander angeord-neten Seilscheiben. Neben dem Fördergerüst sind der dazugehörige bauliche Komplex aus Schachthalle und Fördermaschinenhaus sowie die Elektrofördermaschine erhalten geblieben.

Bauzeit	1929/34 Fördergerüst
	1965/66 Fördermaschinenhalle
Stilllegung	1997
Industriedenkmal	seit 1996 (Fördergerüst)
	seit 2001 (Maschinenhalle)
Stiftungsstandort	seit 2010
Grundstück	2.500 m²
Gebäude	
1 Maschinenhalle	1965/66

Technische Anlagen / Maschinen

1 Fördergerüst	1929/34
1 Elektrofördermaschine	1965/66

Restaurierungs-, Sanierungs- und Baumaßnahmen

2002–2005	Instandsetzung des Maschinenhauses
2006	Erstellung eines Lehrstollens
2011	Instandsetzungsarbeiten an den Fassaden des Maschinenhauses
2018 ff.	Sanierung Fördergerüst und Schachthalle

GESCHICHTE

Die Industriellen-Familie Honigmann ließ in den Jahren ab 1909 in der Nähe des damaligen Dorfes Hückelhoven einen Schacht abteufen; die erste Steinkohle konnte Anfang 1914 gefördert werden. Nachdem die Zeche 1917 an die niederländische Gesellschaft Nederlandsche Maatschappij tot Ontginning van Steenkohlenvelden, abgekürzt NEMOS, veräußert worden war, wurde die Anlage in Sophia-Jacoba umbenannt. Paten für die Namensgebung waren die Ehefrau eines Gründungsmitglieds der NEMOS und die Ehefrau eines Mitglieds des neugewählten Grubenvorstandes.

Mit der Fertigstellung von Schacht 2 (1918) und Schacht 3 (1930) wuchs auch die wirtschaftliche und städtebau-liche Bedeutung der Zeche für Hückelhoven und die Region. 1959 erreichte die Belegschaft mit fast 5.700 Mitarbeitern ihren Höchststand und die Zeche war der größte Arbeitgeber in Hückelhoven und der Umgebung. Ab den 1960er Jahren bis zur Stilllegung im Jahr 1997 zählte die Zeche Sophia-Jacoba zu den modernsten Steinkohlenzechen Europas.

Die Eintragung in die Denkmalliste erfolgte in den Jahren 1996/2001. Seit 2010 befindet sich der Standort in der Obhut der Industriedenkmalstiftung.

NUTZUNG

Der Standort wird von dem Förderverein Schacht 3 Hückelhoven e.V. betreut, der das ganze Jahr über Führungen und ein umfangreiches Veranstaltungsprogramm anbietet. Bei den Rundgängen führen die Mitglieder des Vereins durch die Maschinen- und Schachthalle, den 70 Meter langen Barbarastollen und durch einen 23 Meter langen Besucherstreb. Zudem hat der Verein ein Bergbaumuseum eingerichtet.

ZECHE STERKRADE, SCHACHT 1

Das Fördergerüst über Schacht 1 von 1903 ist ein eingeschossiges Einstrebengerüst der Bauart Promnitz 3 und
eines der wenigen erhaltenen dreibeinigen Gerüste in
Nordrhein-Westfalen. Es wurde in Fachwerkbauweise
gefertigt und konnte vier nebeneinander liegende Seilscheiben aufnehmen, zwei sind erhalten geblieben.

Die dazugehörige Schachthalle ist ein massiver drei-
geschossiger Ziegelbau, der 1903 im historistischen
Stil errichtet wurde. Die Fassaden sind auf der unters-
ten Geschossebene mit rundbogigen Blendarkaden
ausgestattet, während die beiden darüber liegenden
Geschosse hochrechteckige Zwillingsfenster mit Metall-
sprossen aufweisen.

Besonders markant ist die kräftige dunkelrote Farbe des
Gerüsts. Farbuntersuchungen während der Sanierung
(2012–15) hatten diesen Farbton als originär erbracht;
die heutige komplett neue Farbfassung entstand auf
Basis der historischen Befunde.

Bauzeit	1903 Schachthalle und Fördergerüst	Technische Anlagen / Maschinen	
Ende der Förderung	1933	Fördergerüst	1903
Stilllegung	1994		
Industriedenkmal	seit 2005	Restaurierungs-, Sanierungs- und Baumaßnahmen	
Stiftungsstandort	seit 1995	2005	Sicherungsmaßnahmen
Grundstück	2.900 m²	2012–2015	Sanierung des Schachtgebäudes und Fördergerüsts
Gebäude			
1 Schachthalle	1903		

GESCHICHTE

Die Zeche Sterkrade war eines von drei Steinkohlen-bergwerken – Hugo (1895), Sterkrade (1897) und Vondern (1898) – welche die Gutehoffnungshütte (GHH) in den 1890er Jahren anlegte. 1897 wurde mit dem Abteufen des Schachtes 1 begonnen, der eigentlich nur als Wetterschacht für die Zeche Osterfeld und als zweiter fahrbarer Ausgang für die Zeche Hugo-Haniel geplant war. Da jedoch auf der Zeche Hugo wegen des fehlenden Zugangs zum Steinkohlengebirge nicht geför-dert werden konnte, nahm man auf Sterkrade 1903 die Kohleförderung auf. Zu dieser Zeit waren auch die Tagesanlagen weitgehend fertiggestellt. Es folgte der Aufbau einer Kohlenwäsche, einer elektrischen Zentrale und einer Kokerei.

Nachdem die Zeche Osterfeld im Zuge ihres Ausbaues zur Großschachtanlage 1933 die Kohleförderung von Sterkrade übernahm, diente Schacht 1 nur noch der Bewetterung, der Seilfahrt und der Materialförderung. Schon damals riss man die Aufbereitungsanlagen und Teile der Kokerei ab. Nach dem 1989 erfolgten Verbund der Zechen Lohberg und Osterfeld wurde der bis dahin noch vorhandene Übertagebetrieb auf der Schachtan-lage Sterkrade I/II im Frühjahr 1994 eingestellt. Schacht 1 wurde im gleichen Jahr verfüllt.

Die Zeche Sterkrade Schacht 1 befindet sich seit 1995 im Eigentum der Industriedenkmalstiftung. Die Eintragung in die Denkmalliste der Stadt Oberhausen erfolgte 2005.

NUTZUNG

Das Denkmal ist im Rahmen von industriehistorischen Führungen für Besucher zugänglich und kann temporär für Veranstaltungen genutzt werden. Der Zugang erfolgt über einen Fuß- und Radweg, der auf der historischen HOAG-Güterbahntrasse (benannt nach der Hüttenwerk Oberhausen Aktiengesellschaft) angelegt wurde und unmittelbar an den Standort angebunden ist. Eine kom-plette Geländeerschließung steht jedoch noch aus.

Vor Ort ist zudem die Geschichtswerkstatt Oberhausen aktiv, die den Ort durch Veranstaltungen und Aktionen, insbesondere in der Zusammenarbeit mit Jugendlichen, temporär belebt.

DIE STANDORTE DER STIFTUNG

ZECHE ZWECKEL, SCHACHT 1/2

Über den Schächten 1 und 2 wurden Anfang des 20. Jahrhunderts eingeschossige Einstrebengerüste in Fachwerkbauweise errichtet, die heute zu den ältesten erhaltenen im Ruhrgebiet zählen.

Schmuckstück der Anlage ist die 1909 gebaute zentrale Maschinenhalle, auch elektrische Zentrale genannt. Hier wurden Druckluft und elektrische Energie erzeugt und damit das gesamte Bergwerk versorgt. Außerdem standen dort auch die Grubenlüfter, die die Frischluftzufuhr zum Grubengebäude gewährleisteten. Nur noch wenige technische Anlagen deuten auf den ehemals großen Maschinenpark hin. Erhalten sind ein Ilgner-Umformer im Hauptgebäude sowie die beiden elektrischen Fördermaschinen der Firmen AEG (Elektrik) sowie Thyssen & Co. (Mechanik) von 1908 in den beiden Seitenflügeln.

Der im Stil des Historismus gestaltete Ziegelbau beeindruckt durch eine repräsentative Industriearchitektur. Das Innere des Gebäudes ist von gestalterischen Elementen des Jugendstils geprägt; eindrucksvoll sind insbesondere die aufwändigen Ausmalungen mit Schablonenmalereien. Es wurden beispielhaft zwei Achsen der Wandmalereien rekonstruiert und dabei die originalen Fragmente eingebunden. Weitere Rekonstruktionen sind nicht vorgesehen; vielmehr sollen die Spuren der Zeit weiterhin an den Wänden ablesbar sein. Besonders repräsentativ ist die Gestaltung der Empore, die ursprünglich mit Schalttafeln versehen war.

Bauzeit:	1909 Maschinenhalle, 1910/12 Fördergerüste
Stilllegung	1963
Industriedenkmal	seit 1988
Stiftungsstandort	seit 1995
Grundstück	40.000 m²
Gebäude	
1 Maschinenhalle	1909
Technische Anlagen / Maschinen	
2 Fördergerüste	1910–1912
2 Elektrofördermaschinen	1908
2 Ilgner-Umformer	1908

Restaurierungs-, Sanierungs- und Baumaßnahmen	
1997–2000	Reinigung der Fassaden, Fenstersicherung und Dachabklebung
2002–2004	Dach- und Fachsanierung und Umnutzung der Maschinenhalle zum Spielort der Ruhrtriennale
2005	Restaurierung bzw. Rekonstruktion historischer Wandmalereien (2 Achsen)
2006–2008	Gestaltung der Außenanlagen
2009–2014	Instandsetzung der historischen Zaunanlage
2010–2012	Reinigung und Konservierung der Fördermaschinen und Umformer und Instandsetzungsmaßnahmen an Boden- und Wandfliesen

GESCHICHTE

1902 erwarb der preußische Staat ein Grubenfeld, das den Namen der angrenzenden Bauerschaft Zweckel erhielt. 1908 wurden die Arbeiten zum Abteufen des ersten Schachtes aufgenommen und drei Jahre später konnten die ersten Kohlen gefördert werden. Um 1925 wurden die Besitzrechte des preußischen Bergfiskus an die neu gegründete staatliche Bergwerks-AG Recklinghausen übertragen. Zehn Jahre später gingen die Rechte an die staatliche Bergwerksgesellschaft Hibernia AG in Herne.

Bereits ab 1929 arbeitete die Zeche Zweckel im Verbund mit der Schachtanlage Scholven, über welche dann die Kohle gefördert wurde. Die Schächte auf Zweckel dienten nur noch der Seilfahrt, der Materialförderung und der Wetterführung. 1945 war Zweckel für einige Jahre wieder selbstständig, wobei die Förderung weiterhin auf Scholven erfolgte. Bereits Ende 1951 erfolgte der erneute Zusammenschluss mit Scholven und 1963 wurde Scholven stillgelegt.

Bis auf die Maschinenhalle und die Fördergerüste über Schacht 1 und 2 wurden die Übertageanlagen der Zeche Zweckel abgerissen. Die Halle blieb bewahrt, weil sie noch bis 1995 der Wasserhaltung der benachbarten Zechen diente.

1988 wurde das Ensemble unter Denkmalschutz gestellt; es ist seit 1995 ein Standort der Industriedenkmalstiftung.

NUTZUNG

Die Maschinenhalle Zweckel ist seit 2003 ein Spielort der Ruhrtriennale, ein internationales Kunstfestival im Ruhrgebiet. Das Denkmal hat zudem einen festen Platz im Kulturleben der Stadt Gladbeck und wird für vielfältige Veranstaltungen genutzt. Die Industriedenkmalstiftung unterhält die Halle im Eigenbetrieb und bietet industriehistorische Führungen an.

DIE STANDORTE DER STIFTUNG

AHE-HAMMER

Das historische Hammerwerk Ahe-Hammer ist der erste und bisher einzige frühindustrielle Denkmalstandort der Stiftung.

Im Inneren des Gebäudes sind die beiden sogenannten Schwanzhämmer erhalten, die heute bei Vorführungen im Schaubetrieb eindrucksvoll deutlich machen, wie hier mit Hilfe der Wasserkraft der Schmiedehammer in Gang gesetzt wurde. Damals wie heute wird das Wasser der Ahe in einem Hammerteich gestaut, der sich direkt hinter dem Gebäude befindet. Durch Flutkästen stürzt das Wasser auf zwei oberschlächtige Wasserräder von etwa drei Metern Durchmesser. Eines der Räder treibt einen Blasebalg an, der Wind für das Schmiedefeuer erzeugt, während das andere Rad über ein Getriebe die Hammerachse antreibt. Die angebrachten Kammen der Achse drücken den Hammerstiel nach unten, wodurch der Hammerkopf nach oben gedrückt wird und durch sein Eigengewicht zurück nach unten schnellt. Das am Hammerkopf angebrachte Geschläge trifft dabei auf den Amboss. In dieser Bewegung kann der Hammer bis zu 200 Schläge pro Minute ausführen.

Neben der eigentlichen Schmiede sind noch der alte Kohlenbunker, die Schreibstube und die Schlafstube der Schmiede erhalten, die einen interessanten Einblick in das bescheidene Arbeits- und Alltagsleben der Schmiedeleute geben.

Erbaut	16./17. Jahrhundert
	Umbau 1883/84
Schmiedebetrieb	bis 1941
Schaubetrieb	seit 1950
Denkmal	seit 1984
Stiftungsstandort	seit 2013
Grundstück	5.616 m²

Gebäude	
1 Schmiede	16./17. Jahrhundert
	Umbau 1883/84

Technische Anlagen / Maschinen

2 Hämmer

2 Wasserräder

1 Welle

2 Feuerstellen im Inneren des Gebäudes

2 Wehranlagen am Teich

Restaurierungs-, Sanierungs- und Baumaßnahmen

2014	Ertüchtigung des Dachtragwerks am Hammergebäude, Instandsetzungs- und Rekonstruktionsarbeiten an den Wehren
2015–2016	Sanierung und Gestaltung der Teichanlage
2016 ff.	Instandsetzung der Einbauten für den Schmiedebetrieb
2016–2017	Ertüchtigung der Standsicherheit
2017 ff.	Dach- und Fachsanierung

GESCHICHTE

Rund 400 Jahre lang war die Familie bzw. Firma Brüninghaus (Mit-)Eigentümer des Ahe-Hammers. Es wird angenommen, dass das Hammerwerk zwischen 1592 und 1612 errichtet wurde. Der Ahe-Hammer diente bis 1859 der Herstellung des sogenannten märkischen Osemunds, ein weiches, gut formbares Eisen, aus dem insbesondere qualitätvoller Draht produziert wurde. Nach 1859 wurde der Ahe-Hammer auf die Herstellung von Schmiedewaren umgestellt, 1883/84 erfolgte der Umbau, der das heutige Erscheinungsbild des Gebäudes prägt. Das Hammerwerk wurde bis 1941 als Schmiede genutzt.

Der Ahe-Hammer wurde im Jahr 1950 als museales Schaustück eingerichtet und 1984 unter Denkmalschutz gestellt. 2013 wurde der Ahe-Hammer in das Eigentum der Stiftung eingebracht.

NUTZUNG

Der Ahe-Hammer wird durch den Förderverein Osemunddenkmal Ahe-Hammer Herscheid/Werdohl betreut, der das Denkmal als außerschulischen Lernort etablieren möchte. Highlight ist dann die Vorführung des Hammerwerks im Schaubetrieb.

Zudem ist der Ahe-Hammer in der Sommersaison im Rahmen von Führungen begehbar und in touristische Konzepte, u.a. in die Route des Vereins WasserEisenLand e.V., eingebunden.

KOEPCHENWERK

Das Koepchenwerk ist eines der beiden ersten, zeitgleich im großtechnischen Maßstab verwirklichten Pump-speicherkraftwerke Deutschlands und gilt als ein national bedeutsames Monument der Energiewirtschaft. Es entstand in den Jahren 1927 bis 1930 und ist in einem nahezu authentischen technischem wie baulichem Zustand erhalten geblieben. Dazu zählen die historische Maschinenhalle mit Kommandohaus inklusive der vier originalen Maschinensätze, jeweils bestehend aus Turbine, Motor-Generator, Kupplung und Pumpe. Außerdem gehören dazu das Speicherbecken, vier Druckrohrleitungen sowie das Schieberhaus mit markantem Firmenschriftzug.

Bauzeit	1927–30
Stilllegung	1994
Industriedenkmal	seit 1986
Stiftungsstandort	seit 2017
Grundstück	ca. 23.500 m²

Gebäude	
Maschinenhalle	1928/29
Schieberhaus	1929

Technische Anlagen / Maschinen	
Druckrohrleitungen	1929
4 Maschinensätze (Aggregate)	1929

Restaurierungs-, Sanierungs- und Baumaßnahmen
2017-2018 Rekonstruktion RWE-Schriftzug
2017-2019 Sicherungsmaßnahmen Dach und Fassaden

GESCHICHTE

In den 1920er Jahren vollzogen sich in der Elektrizitätswirtschaft bedeutende Veränderungen: Der stetig steigende Bedarf an elektrischer Energie führte zur Entstehung eines überregionalen Verbundnetzes. Die Rheinisch-Westfälische Elektrizitätswerke AG setzte auf eine Verbindung von rheinischer Braunkohle und alpiner Wasserkraft durch den Bau der ersten Nord-Süd-Hochspannungsleitung. 1924 hatte RWE mit dem Bau einer 800 Kilometer langen 220/380 KV-Leitung vom Rheinland bis nach Vorarlberg in Österreich begonnen.

Nachdem RWE erste Pläne zum Bau eines Pumpspeicherkraftwerks noch nicht realisieren konnte, fand man in Herdecke an der Ruhr geeignete Bedingungen und beauftragte die Errichtung eines Pumpspeicherkraftwerks am Hengsteysee. Damit konnte das Hauptproblem der Elektrizitätswirtschaft, nämlich die Bereitstellung elektrischer Spitzenenergie, gelöst und die Wirtschaftlichkeit und Auslastung der RWE-Kohlekraftwerke verbessert werden. Das Koepchenwerk trägt seinen Namen nach dessen Ideengeber, Arthur Koepchen,

damaliger technischer Vorstand der Rheinisch-Westfälischen Elektrizitätswerk AG. Das Kraftwerk wurde 1930 mit vier Maschinensätzen und 132 Megawatt Leistung in Betrieb genommen.

Nach einem im Dezember 1980 aufgetretenen Schaden und nach ersten Reparaturmaßnahmen war das Koepchenwerk wieder bedingt einsatzfähig. 1981 entschied der RWE-Vorstand, dass unmittelbar neben dem Koepchenwerk ein neues und hochmodernes Pumpspeicherkraftwerk entstehen sollte. Dieses wurde zwischen 1985 und 1989 errichtet und 1989 als Pumpspeicherwerk Herdecke mit 153 Megawatt Leistung in Betrieb genommen. Das (alte) Koepchenwerk wurde nach einer Betriebszeit von rund 64 Jahren am 1. August 1994 stillgelegt.

Bereits seit dem 11. Juni 1986 steht das Koepchenwerk als Baudenkmal unter Denkmalschutz. 2016 erfolgte die Übernahme des Denkmals in das Eigentum der Industriedenkmalstiftung.

NUTZUNG

Das Koepchenwerk ist zusammen mit dem auffälligen RWE-Schriftzug am Berghang des Ardeygebirges ein Wahrzeichen der Region. Gemeinsam mit der Stadt Herdecke und mit Unterstützung des Regionalverbandes Ruhr

(RVR) sowie der Arbeitsgemeinschaft Koepchenwerk e.V. arbeitet die Industriedenkmalstiftung an der Entwicklung von Nutzungskonzepten und der Einbindung des Objekts in zukünftige Freizeit- und Tourismuskonzepte.

KOKEREI ZOLLVEREIN

Die Kokerei Zollverein wurde nach Entwürfen des Industriearchitekten Fritz Schupp (1896–1974) in den Jahren 1957–61 erbaut. Errichtet wurde die Anlage in funktionaler Anbindung an den Zentralschacht 12 der Zeche Zollverein, die 1927 bis 1932 von den schon damals renommierten Architekten Fritz Schupp und Martin Kremmer (1894–1945) geplant und erbaut wurde, und als ein Meisterwerk der sachlich-funktionalen Industriearchitektur jener Zeit gilt. Fritz Schupp übernahm auch die Planung der Kokerei und lehnte sich in der Gestaltung an die Formensprache der Zeche Zollverein Schacht 12 an. Schlichte kubische Baukörper, die Verwendung von Stahlbeton und Stahlfachwerk sowie Ziegelverblendungen und -ausfachungen charakterisieren die Architektur der Großkokerei. Zusammen mit der Zeche Zollverein bildet die Anlage ein Ensemble von hoher industriehistorischer Bedeutung und architektonischer Qualität.

Bauzeit	1957–61, Erweiterung: 1971–73
Stilllegung	1993
Industriedenkmal	seit 2000 / seit 2001 UNESCO Welterbe
Stiftungsstandort	1998–2010
Grundstück	169.000 m²

Gebäude
42
u.a. Mischanlage, Salzlager, Salzfabrik, Sieberei, Kompressorenhalle, Schalthaus, Leitstand, Kohlentürme, Koksofenbatterien, Kamine

Restaurierungs-, Sanierungs- und Baumaßnahmen

1998–2002	Umbau und Umnutzung der Kohlenmischanlage und Errichtung eines Besucherparcours vom Wiegeturm, über die Mischanlage bis hin zu den Ofenbatterien und zu den Rauchgaskanälen im Kamin im Rahmen der Internationalen Bauausstellung Emscherpark; Einbau eines Kokerei-Cafés
1999–2002	Bau eines Sonnenrades und eines Solarkraftwerks mit der Spendenaktion „Watt von der Sonne" im Rahmen der Ausstellung „Sonne, Mond und Sterne" (1999)
2000–2003	Umbau und Umnutzung des Salzlagers zur Ausstellungshalle für den „Palast der Projekte" von Ilya und Emilia Kabakov
2001	Errichtung des „Werksschwimmbads" und der Eisbahn
2003	Sanierung der Kamine
2005–2006	Dach- und Fachsanierung des Leitstandes und Einrichtung des Erwin L. Hahn-Instituts.

GESCHICHTE

Die Anfänge der Kokserzeugung auf der Zeche Zollverein gehen zurück bis in das Jahr 1857, als die ersten Koksöfen auf der Schachtanlage 1/2 in Betrieb genommen wurden. Bis 1914 entstanden weitere Kokereien auf den Schachtanlagen 4/5 (1895) und 3/7/10 (1914).

1926 wurde die Zeche Zollverein in die neugegründete Vereinigte Stahlwerke AG eingebracht. Dieser durch den Zusammenschluss verschiedener Unternehmen der Kohle- und Stahlindustrie entstandene montanindustrielle Großkonzern ließ im Rahmen eines umfangreichen Neubauprogramms auch zahlreiche neue Groß- und Zentralkokereien errichten. In diesem Zusammenhang wurden die Kokereien der Zeche Zollverein schrittweise außer Betrieb genommen. Eine Ausnahme stellte eine Kleinstkokerei der Schachtanlage 1/2 dar, die noch bis Ende 1953 Koks produzierte.

Anfang 1957 beschloss die Gelsenkirchener Bergwerks-AG, nun Eigentümer der Zeche Zollverein, den Bau einer neuen Kokerei, die in den Jahren 1957 bis 1961 errichtet wurde. Erstmals nach der 1928 in Betrieb genommenen Kokerei Nordstern wurde hier eine komplette Kokerei mit sechs Meter hohen Koksöfen betrieben, die lange als modernste Kokerei Europas galt. Die Anlage war zunächst mit acht Ofenbatterien, die insgesamt 192 Koksöfen umfassten, in Betrieb genommen worden. Auf der Kokerei Zollverein konnten täglich bis zu 5.800 Tonnen Koks aus etwa 7.000 Tonnen Einsatzkohle erzeugt werden. Die Anlagen zur Verkokung der Kohle auf der sogenannten Schwarzen Seite und zur Gewinnung der Kohlenwertstoffe (Ammoniak, Rohbenzol, Rohteer) auf der Weißen Seite waren auf eine enorme Produktionsleistung ausgerichtet.

Nachdem die Kokerei 1969 in die neu gegründete Ruhrkohle AG eingebracht worden war, wurden bereits zwei Jahre später die Pläne für die Erweiterung der Kokerei Zollverein vorgestellt, die zu einer der weltweit größten Anlagen ausgebaut werden sollte. 1973 war die Erweiterung um zwei Ofenbatterien mit je 56 Koksöfen abgeschlossen, so dass nun aus rund 11.000 Tonnen eingesetzter Kohle bis zu 8.600 Tonnen Koks täglich produziert werden konnten. Zwei Jahrzehnte nach der Erweiterung erfolgte am 30.06.1993 die Stilllegung der Kokerei Zollverein.

Fünf Jahre nach der Stilllegung wurden die Schwarze Seite und ein kleiner Teilbereich der Weißen Seite in die Stiftung Industriedenkmalpflege eingebracht. Am 14. Dezember 2001 wurden Schacht 12 und Schacht 1/2/8 der Zeche Zollverein und die Kokerei Zollverein als Industriekomplex Zeche Zollverein in die Welterbeliste der UNESCO aufgenommen.

Im Oktober 2010 übertrug die Stiftung Industriedenkmalpflege und Geschichtskultur das Denkmal an die Stiftung Zollverein, in deren Obhut sich nun der gesamte Welterbestandort befindet.

Kontakt Stiftung Zollverein:
UNESCO-Welterbe Zollverein
Areal B (Schacht 1/2/8), Direktion
Bullmannaue 11
45327 Essen

Telefon: 0201/246810
info@zollverein.de
www.zollverein.de

ZECHE UNSER FRITZ, SCHACHT 1 Herne-Wanne

Von der Gründungsschachtanlage der Zeche Unser Fritz ist als eines der ganz wenigen baulichen Relikte der denkmalgeschützte Malakoffturm über Schacht 1 erhalten geblieben. Der viergeschossige Ziegelbau besitzt einen nahezu quadratischen Grundriss mit einer Seitenlänge von ca. 13 Metern, ist rund 32 Meter hoch und verfügt über zwei polygonale Treppentürme, die im Brandfall als Fluchtwege dienen sollten, und über verstärkende Strebepfeiler. Während im unteren Bereich des Turmes die Backsteinmauern über einen Meter stark sind, messen sie auf Höhe der Seilscheibenbühne noch 0,68 Meter. Die Fassaden des Bauwerks sind im Stil des Historismus gestaltet.

Das im Jahr 1890 in den Turm eingezogene stählerne Fördergerüst, das aus dem Malakoffturm herausragte, wurde Anfang der 1950er Jahre demontiert. Anschließend wurde der Turm um einen Meter Mauerwerk erhöht und das Dach geschlossen. Der Malakoffturm der Zeche Unser Fritz ist das älteste erhaltene bauliche Zeugnis der Herner Bergbaugeschichte.

GESCHICHTE

Friedrich III. (1831-1888), der aus dem Adelsgeschlecht der Hohenzollern stammte, regierte nur 99 Tage als deutscher Kaiser und König von Preußen. Wegen seiner liberalen Einstellung war er allgemein beliebt und wurde im Volksmund »Unser Fritz« genannt. Möglicherweise war er damit der Namensgeber für die 1871 gegründete Gewerkschaft Unser Fritz. Im selben Jahr begannen die Abteufarbeiten im heutigen Ortsteil Herne-Wanne. 1873 wurde der Malakoffturm über Schacht 1 errichtet und 1874 konnte hier die regelmäßige Kohleförderung aufgenommen werden. 1878 schlossen die Grubenvorstände der Zechen Unser Fritz und Consolidation einen Kooperationsvertrag, mit dem die kaufmännische und technische Leitung der Zeche Unser Fritz auf die Zeche Consolidation übertragen wurde. Dieser Vertrag wurde bereits 1881 wieder aufgehoben. Bis 1910 wurden drei weitere Schächte in Betrieb genommen. Mit der Inbetriebnahme von Schacht 4 im Jahr 1910 diente Schacht 1 nur noch als Wetterschacht.

1918 erwarb die Mannesmannröhren-Werke AG zunächst die Zeche Unser Fritz und 1922 die Zeche Consolidation. 1923 erfolgte der Verbund der beiden Bergwerke. Obwohl die Zeche Unser Fritz 1925 mit 3.842 Beschäftigten ihre höchste Jahresförderung von 891.000 Tonnen Kohle erreichte, wurde zum Ende des Jahres zunächst die Schachtanlage 2/3 stillgelegt und drei Jahre später die Schachtanlage 1/4; allerdings wurden Wetterführung und Instandhaltungsarbeiten fortgeführt. Ab 1936 diente sie der Zeche Consolidation zur Seilfahrt und Materialförderung. 1967 erfolgte die Stilllegung der Tagesanlagen der Schachtanlage 1/4. 1969 ging die Anlage in die neu gegründete Ruhrkohle AG über, und die Seilfahrt auf Schacht 4 wurde wieder aufgenommen. Erst 1987 wurde Schacht 1 verfüllt und 1993 die Seilfahrt in Schacht 4 eingestellt, zwei Jahre später wurde auch dieser Schacht verfüllt.

1991 erfolgte die Eintragung in die Denkmalliste der Stadt Herne; 1995 übernahm die Industriedenkmalstiftung den Malakoffturm in ihr Eigentum. 2009 verkaufte die Stiftung das Denkmal an einen privaten Eigentümer.

Bauzeit	1873 (Malakoffturm Schacht 1)
Ende der Förderung	1928
	(ab 1936 Seilfahrt und Materialförderung)
Stilllegung	1993
Industriedenkmal	seit 1991
Stiftungsstandort	1995–2009
Grundstück	1.600 m²

Gebäude	
1 Malakoffturm	1873

Restaurierungs-, Sanierungs- und Baumaßnahmen
2006 Notsicherungsarbeiten an der Fassade- und im Dachbereich

ZECHE FÜRST HARDENBERG, SCHACHT 1 Dortmund-Lindenhorst

Von den Bauten der Zeche Fürst Hardenberg blieben der Malakoffturm von 1876 sowie das zugehörige Fördermaschinengebäude erhalten.

Der aus Ziegel gemauerte 32 Meter hohe Schachtturm ist mit stark hervortretenden Strebepfeilern sowie kräftigen Wandvorlagen versehen, die zusammen mit den nach oben hin kleiner werdenden Rundbogenfenstern und den Gesimsen die Gliederung des Baukörpers bestimmen. Das Sockelgeschoss des Gebäudes wurde Anfang der 1930er Jahre durch einen Anbau in expressionistischer Formensprache erweitert. Der ziegelsteinerne, flachgedeckte Baukörper besitzt im Erdgeschoss spitz zulaufende breite Nischen, in die später Fenster und Türen eingebaut wurden. Ein kräftig ausgebildetes Kranzgesims schließt die Fassade nach oben hin ab.

Das Maschinenhaus ist als schlichter Backsteinbau ausgeführt. Sockel- und Hallengeschoss weisen die für damalige Fördermaschinenhäuser typische Höhe auf. Die Fassaden werden durch Lisenen und hohe rundbogige Eisensprossenfenster gegliedert. An den Schmalseiten sind dem gewölbten Dach Giebel vorgeblendet. 1983 wurde die Dampffördermaschine aus dem Gebäude entfernt.

GESCHICHTE

1872 begann die Gewerkschaft der Steinkohlen- und Eisensteinzeche Fürst Hardenberg mit den Abteufarbeiten eines Schachtes im Steinkohleneinzelfeld Deusen II. Mit der Errichtung eines Schachtturmes und der Installation einer dampfbetriebenen Fördermaschine konnte die Gewerkschaft 1876 die Kohlenförderung aus Schacht 1 aufnehmen.
1881 wurden zunächst die Grubenfelder der Zechen Fürst Hardenberg und Minister Stein unter dem Namen Vereinigte Stein und Hardenberg konsolidiert und eine Gesellschaft gleichen Namens gebildet. Die Anteile (Kuxe) dieser Gesellschaft wurden im selben Jahr der Gelsenkirchener Bergwerks-AG (GBAG) zum Kauf angeboten und von dieser schrittweise bis Ende 1883 erworben.

Nach der Inbetriebnahme von Schacht 2 als Hauptförderschacht im Jahr 1900 diente Schacht 1 ab 1904 nur noch der Seilfahrt, der Wasserhaltung und der Bewetterung. 1960 wurde die Kohleförderung auf Fürst Hardenberg beendet, die Seilfahrt und die Güterförderung auf Schacht 1 wurden 1963 eingestellt.

Seit 1990 stehen beide Gebäude unter Denkmalschutz; von 1995 bis 2012 befanden sie sich im Eigentum der Stiftung Industriedenkmalpflege und Geschichtskultur.

2012 wurde das Industriedenkmal an private Eigentümer verkauft, die eine Büronutzung im Maschinenhaus sowie eine Nutzung des Malakoffturms als Ausstellungsraum schrittweise realisieren.

Bauzeit	1876 (Malakoffturm und Maschinenhaus), Erweiterung: Anbau Anfang der 1930er Jahre
Ende der Förderung	1960
Stilllegung	1963 (Seilfahrt und Güterförderung auf Schacht 1)
Industriedenkmal	seit 1990
Stiftungsstandort	1995–2012
Grundstück	2.331 m²

Gebäude	
1 Malakoffturm	1876, Erweiterung Anfang der 1930er Jahre
1 Fördermaschinenhaus	1876
Restaurierungs-, Sanierungs- und Baumaßnahmen	
2006–2008	Dach- und Fachsanierung Malakoffturm

DIE EHEMALIGEN STANDORTE DER STIFTUNG

ZECHE AUGUSTE VICTORIA, SCHACHT 4 Marl-Drewer

Von der ehemaligen Schachtanlage 4/5 der Zeche Auguste Victoria sind das Fördergerüst über Schacht 4 und das zugehörige Fördermaschinengebäude mit einer elektrischen Fördermaschine erhalten geblieben. Das 48 Meter hohe Fördergerüst wurde 1930/31 errichtet.

Es handelt sich um ein zweigeschossiges Einstrebengerüst, Bauart Dörnen 2, das in Vollwandbauweise ausgeführt wurde. In Deutschland wurde 1925 erstmals ein vollständig in Vollwandbauweise konstruiertes Gerüst für die Kaligrube Baden in Buggingen errichtet.

GESCHICHTE

Im Jahr 1899 wurde die Gewerkschaft Auguste Victoria gegründet. Sie wurde nach Auguste Viktoria von Schleswig-Holstein-Sonderburg-Augustenburg (1858–1921) benannt, der Gemahlin des letzten deutschen Kaisers.

Ein Jahr nach der Gründung wurden die Abteufarbeiten für die Schächte 1 und 2 aufgenommen. Die ersten Kohlen konnten aber erst kurz vor dem Ende des Jahres 1905 gefördert werden. Bereits zwei Jahre später erfolgte ein Besitzerwechsel, die Zeche wurde auf Initiative der Badischen Anilin Soda-Fabrik (BASF) gemeinsam von der Bayer AG und der Actiengesellschaft für Anilin Fabrication (AGFA) erworben. Diese drei Unternehmen der chemischen Industrie hatten sich 1904 zu einer Interessengemeinschaft zusammengeschlossen. 1925 fusionierten BASF, Bayer und AGFA mit weiteren Unternehmen zur Interessensgemeinschaft Farbenindustrie Aktiengesellschaft (I.G. Farben).

Im äußersten Süden des Grubenfeldes lag der 1929 fertiggestellte Schacht 4. 1930 wurde mit dem Abteufen des Wetterschachtes 5 begonnen, mit dessen Fertigstellung die selbstständige Schachtanlage 4/5 entstand, die 1931 die Kohleförderung aufnahm. Zu Beginn der 1930er Jahre wurden im Grubenfeld abbauwürdige Blei-Zinkerzvorkommen entdeckt, die ab 1936 abgebaut und über Schacht 1 zu Tage gefördert wurden. Damit gehörte die Zeche Auguste Victoria zu den wenigen Zechen im Ruhrbergbau, auf denen Erze abgebaut wurden.

1937 übertrugen BASF, Bayer und AGFA ihre Anteile an der Zeche Auguste Victoria auf die I.G. Farben. Die Zeche war nun eine Betriebsabteilung der I.G. Farben. Im selben Jahr wurde auf Schacht 4 die Kohleförderung eingestellt. Danach diente der Schacht 4 im Rahmen der Blei-Zinkerzförderung der Personenseilfahrt und dem Materialtransport, weswegen die Schachtanlage 4/5 auch als Erzschacht bezeichnet wurde.

Im Rahmen der nach dem Ende des Zweiten Weltkrieges vollzogenen Entflechtung der I.G. Farben erfolgte Anfang 1952 die Neugründung der BASF, die ein Jahr später erneut die Zeche Auguste Victoria übernahm. Nachdem im Jahr 1962 die Erzförderung aufgegeben wurde, blieb der Schacht 4 bis 1966 noch für die Bewetterung in Betrieb. 1991 unterzeichneten die Zeche Auguste Victoria und die Ruhrkohle AG einen Übernahmevertrag und fünf Jahre später wurde die Zeche endgültig in die Ruhrkohle AG eingegliedert. 1999 wurde der Schacht 4, der langjährig für die zentrale Wasserhaltung in Betrieb war, verfüllt. Im Dezember 2015 erfolgte die Stilllegung der Zeche Auguste Victoria.

Das Fördergerüst wurde 1995 unter Denkmalschutz gestellt und wurde von 2008 bis 2012 durch die Industriedenkmalstiftung betreut.

Im März 2012 wurde das Denkmal an den Heimatverein Marl e.V. übertragen. Zuvor hatte die Industriedenkmalstiftung das Gebäude des Maschinenhauses ertüchtigt und eine Umnutzung zur Versammlungsstätte realisiert. Der Verein macht es der Öffentlichkeit im Rahmen von Führungen und Veranstaltungen zugänglich.

Bauzeit	1930/31 Fördergerüst
	1931 Fördermaschinenhaus, Elektrofördermaschine
Ende der Förderung	1962
Stilllegung	1965 (Stilllegung des Bergfeldes)
Industriedenkmal	seit 1995
Stiftungsstandort	2008–2012
Grundstück	4.280 m²

Gebäude	
1 Fördergerüst	1930/31
1 Fördermaschinenhaus	1931

Restaurierungs-, Sanierungs- und Baumaßnahmen

2011–12	Umnutzung des Maschinenhauses zur Versammlungsstätte und Einbau einer Heizung

DIE STANDORTE DER STIFTUNG IN NRW

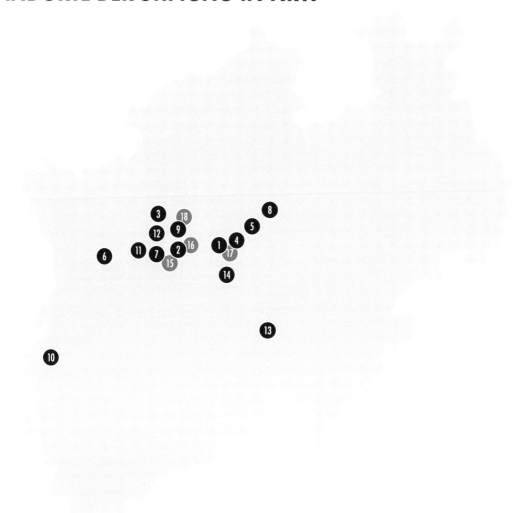

Ihre Anfragen zu den Denkmalstandorten richten Sie bitte an:
info@industriedenkmal-stiftung.de oder telefonisch unter 0231/9311220
Weitere Informationen unter www.industriedenkmal-stiftung.de

1 KOKEREI HANSA
Emscherallee 11
44369 Dortmund

Öffnungszeiten:
April – Oktober: Di – So 10 –18 Uhr
November – März: Di – So 10 –16 Uhr
Montags geschlossen (außer an Feiertagen)

Offene Führungen
Ganzjährig werden zahlreiche offene Führungen zu verschiedenen
Themenschwerpunkten angeboten.

Weitergehende Informationen zum Führungsprogramm
erhalten Sie unter www.industriedenkmal-stiftung.de
oder telefonisch unter 0231/93112233

ZECHE HANSA, SCHACHT 3
Hülshof 39
44369 Dortmund

Der Zugang zum Industriedenkmal ist nur nach Absprache mit der
Stiftung Industriedenkmalpflege und Geschichtskultur möglich.

2 ZECHE CONSOLIDATION, SCHACHT 9
Klarastraße
45889 Gelsenkirchen

Offene industriehistorische Führungen
(mit Vorführung der Dampfmaschine im südlichen Maschinenhaus)
Jeden 1. Sonntag im Monat um 14 Uhr

Offene Familienführungen
Jeden 3. Sonntag im Monat um 14 Uhr

3 ZECHE FÜRST LEOPOLD, SCHACHT 2
Halterner Straße 105
46284 Dorsten

Der Verein für Bergbau-, Industrie- und Sozialgeschichte Dorsten
e.V. bietet ganzjährig zahlreiche Führungen an. Darüber hinaus ist
die Maschinenhalle im Saisonbetrieb (April bis Oktober) sonntags
ab 11 Uhr geöffnet; jeweils ab 14 Uhr wird die Dampfmaschine in
Bewegung vorgeführt.

Weitere Informationen unter www.bergbau-dorsten.de

4 ZECHE GNEISENAU, SCHACHT 2/4
Altenderner Straße
44329 Dortmund

Der Zugang zum Industriedenkmal Schacht 2 ist nur nach Absprache
mit der Stiftung Industriedenkmalpflege und Geschichtskultur möglich.

An Schacht 4 ist der Förderkreis Zechenkultur Gneisenau e.V. aktiv.
Weitere Informationen unter www.bergwerk-gneisenau.de

5 ZECHE MONOPOL, SCHACHT GRILLO 1
Hans-Werner-Meyer-Straße
59174 Kamen

Der Zugang zum Industriedenkmal ist nur nach Absprache mit der
Stiftung Industriedenkmalpflege und Geschichtskultur möglich.
Ein Führungsprogramm wird derzeit erarbeitet.

6 ZECHE PATTBERG, SCHACHT 1
Am Pattberg 35
47445 Moers

Offene industriehistorische Führungen
Jeden 1. Sonntag im Monat um 14 Uhr (ab April 2020)

7 ZECHE PROSPER II, SCHACHT 2
Knappenstraße 32
46238 Bottrop

Offene industriehistorische Führungen
November bis März:
Jeden 2. und 4. Sonntag im Monat um 14 Uhr
April bis Oktober:
Jeden 2. und 4. Sonntag im Monat um 14 und 16 Uhr

8 ZECHE RADBOD, SCHACHT 1/2
An den Fördertürmen
59075 Hamm

Offene industriehistorische Führungen
Jeden 2. und 4. Sonntag im Monat um 14 Uhr

9 ZECHE SCHLÄGEL & EISEN, SCHACHT 3/4
Glückauf-Ring 26
45699 Herten

Offene industriehistorische Führungen
Jeden 1. und 3. Sonntag im Monat um 14 Uhr

10 ZECHE SOPHIA-JACOBA, SCHACHT 3
Sophiastraße 30
41836 Hückelhoven

Der Förderverein Schacht 3 Hückelhoven e.V. bietet ganzjährig ein
umfangreiches Führungs- und Veranstaltungsprogramm an.

Weitere Informationen unter www.schacht-3.de

11 ZECHE STERKRADE, SCHACHT 1
Von-Trotha-Straße
46149 Oberhausen

Offene industriehistorische Führungen
Jeden 1. und 3. Sonntag im Monat um 14 Uhr

12 ZECHE ZWECKEL, SCHACHT 1/2
Frentroper Straße 74
45966 Gladbeck

Offene industriehistorische Führungen
Jeden 2. und 4. Sonntag im Monat um 14 Uhr

13 AHE-HAMMER
Schwarze Ahe 19
58849 Herscheid

Offene industriehistorische Führungen
Jeden 1. Sonntag im Monat um 14 Uhr (ab April 2020)

14 KOEPCHENWERK
Im Schiffwinkel 43
58313 Herdecke

Offene industriehistorische Führungen
Jeden 1. und 3. Sonntag im Monat um 14 Uhr

DIE EHEMALIGEN STANDORTE DER STIFTUNG

15 KOKEREI ZOLLVEREIN
UNESCO-Welterbe Zollverein
Areal B (Schacht 1/2/8), Direktion
Bullmannaue 11
45327 Essen

Telefon: 0201/246810
info@zollverein.de
www.zollverein.de

16 ZECHE UNSER FRITZ, SCHACHT 1
Unser-Fritz-Straße
Herne-Wanne

17 ZECHE FÜRST HARDENBERG, SCHACHT 1
Lindnerstraße
Dortmund-Lindenhorst

18 ZECHE AUGUSTE VICTORIA, SCHACHT 4
Am Wetterschacht
45770 Marl-Drewer

Heimatverein Marl e.V.
www.heimatverein-marl.de

FÖRDERVEREINE UND INITIATIVEN

Die Stiftung Industriedenkmalpflege und Geschichtskultur kooperiert an ihren Denkmalstandorten mit Födervereinen, die vor Ort Industriegeschichte vermitteln, Denkmale betreuen, Besucher begleiten, Tage der offenen Tür veranstalten, Sponsorengelder einwerben oder explizit die Arbeit der Denkmalstiftung unterstützen. Das ehrenamtliche Engagement ist für die Industriedenkmalstiftung und für den Fortbestand der Denkmale für große Bedeutung.

Folgende Fördervereine und Initiativen sind an Denkmalstandorten der Stiftung Industriedenkmalpflege und Geschichtskultur aktiv:

KOKEREI HANSA

Hansa-Gesellschaft für Industriekultur e.V.
Vorsitzender: Gerhard Hendler

ZECHE CONSOLIDATION, SCHACHT 9

Initiativkreis Bergwerk Consolidation e.V.
Vorsitzender: Martin Gernhardt

www.ib-consol.de

ZECHE FÜRST LEOPOLD, SCHACHT 2

Verein für Bergbau- Industrie- und Sozialgeschichte Dorsten e.V.
Vorsitzender: Gerhard Schute

info@bergbau-dorsten.de
www.bergbau-dorsten.de

ZECHE GNEISENAU, SCHACHT 2/4

Förderkreis Zechenkultur Gneisenau e.V.
Vorsitzender: Helmut Böcker

www.bergwerk-gneisenau.de

ZECHE MONOPOL, SCHACHT GRILLO 1

Monopol 2000 – Verein zur Förderung der Bergbau- und Industriekultur in der Stadt Kamen e.V.
Vorsitzender: Ulrich Marc

info@monopol2000.de
www.monopol2000.de

ZECHE SCHLÄGEL & EISEN, SCHACHT 3/4

Klub Schlägel und Eisen e.V.

info@schlaegel-eisen.de
www.schlaegel-eisen.de

ZECHE SOPHIA-JACOBA, SCHACHT 3

Förderverein Schacht 3 Hückelhoven e.V.
Vorsitzender: Detlef Stab

www.schacht-3.de

ZECHE STERKRADE, SCHACHT 1

Geschichtswerkstatt Oberhausen e.V.

info@geschichtswerkstatt-oberhausen.de

AHE-HAMMER

Förderverein Osemunddenkmal Ahe-Hammer Herscheid/Werdohl e.V.
Vorsitzende: Silvia Voßloh

www.ahehammer.de

KOEPCHENWERK

Arbeitsgemeinschaft Koepchenwerk e.V.
Vorsitzende: Regina Schrader

kontakt@ag-koepchenwerk.de
www.ag-koepchenwerk.de